Tïtulo: Constitución (Ley Fundamental) de la Unión de
Repúblicas Socialistas Soviéticas.
Autores: VIII Congreso Extraordinario de los Soviets
Fecha de publicación: 5 de diciembre de 1936
Edición y Portada: Miguel G. Macho

CONSTITUCIÓN
· LEY FUNDAMENTAL ·
DE LA
UNIÓN DE REPÚBLICAS
SOCIALISTAS SOVIÉTICAS

1936

— CAPÍTULO I —

ORGANIZACIÓN SOCIAL

Artículo 1.— La Unión de Repúblicas Socialistas Soviéticas es un Estado socialista de obreros y campesinos.

Artículo 2.— La base política de la URSS son los Soviets de diputados de los trabajadores, desarrollados y fortalecidos como consecuencia del derrocamiento del poder de los terratenientes y capitalistas y de la conquista de la dictadura del proletariado.

Artículo 3.— Todo el poder pertenece en la URSS a los trabajadores de la ciudad y del campo, representados por los Soviets de diputados de los trabajadores.

Artículo 4.— La base económica de la URSS son el sistema socialista de economía y la propiedad socialista de los instrumentos y medios de producción, afirmados como resultado de la supresión del sistema capitalista de economía, de la abolición de la propiedad privada de los instrumentos y medios de producción y de la anulación de la explotación del hombre por el hombre.

Artículo 5.— La propiedad socialista tiene en la URSS dos formas: propiedad del Estado (patrimonio de todo el pueblo) y propiedad cooperativo-koljosiana (propiedad de cada koljós, propiedad de las asociaciones cooperativas).

Artículo 6.— Son propiedad del Estado, es decir, patrimonio de todo el pueblo, la tierra, el subsuelo, las aguas, los bosques, las fábricas, las minas, el transporte ferroviario, acuático y aéreo, los bancos, los medios de comunicación y las grandes empresas agropecuarias organizadas por el Estado (sovjoses, estaciones de máquinas y tractores, etc.), así como las empresas de servicios municipales y el fondo fundamental de viviendas en las ciudades y localidades industriales.

Artículo 7.— La propiedad social, socialista, de los koljoses y de las organizaciones cooperativas está constituida por sus empresas colectivas, sus bienes muebles, inmuebles y semovientes, la producción que obtienen y sus edificios colectivos.

Además del ingreso fundamental de la hacienda koljosiana colectiva, cada hogar koljosiano tiene en usufructo individual, de acuerdo con los Estatutos del Artel Agrícola, una pequeña parcela y posee en ella en propiedad personal una hacienda auxiliar, casa de vivienda, ganado de renta, aves de corral y pequeños aperos de labranza.

Artículo 8.— La tierra que ocupan los koljoses les queda adscrita en usufructo gratuito y por tiempo ilimitado, es decir, a perpetuidad.

Artículo 9.— A la par con el sistema económico socialista, forma dominante de economía en la URSS, la ley permite la pequeña hacienda privada de los campesinos y artesanos individuales, basada en el trabajo personal y que excluye la explotación del trabajo ajeno.

Artículo 10.— La ley protege el derecho de los ciudadanos a la propiedad personal de los ingresos y ahorros procedentes de su trabajo, la vivienda y la hacienda doméstica auxiliar, los objetos de uso doméstico, de consumo y de comodidad personal, así como el derecho de herencia de la propiedad personal de los ciudadanos.

Artículo 11.— La vida económica de la URSS es determinada y dirigida por el plan estatal de economía nacional, cuyos fines son: aumentar la riqueza social, elevar continuamente el nivel material y cultural de los trabajadoras, fortalecer la independencia de la URSS y acrecentar su capacidad defensiva.

Artículo 12.— El trabajo es en la URSS una obligación y una causa de honor de cada ciudadano apto para el mismo, de acuerdo con el principio de «el que no trabaja, no come».

En la URSS se cumple el principio del socialismo: «De cada uno, según su capacidad; a cada uno, según su trabajo».

— CAPÍTULO II —

ORGANIZACIÓN DEL ESTADO

Artículo 13.— La Unión de Repúblicas Socialistas Soviéticas es un Estado federal, constituido sobre la base de la agrupación voluntaria da las siguientes Repúblicas Socialistas Soviéticas, iguales en derechos[1]:

República Socialista Federativa Soviética de Rusia.

República Socialista de Ucrania.

República Socialista Soviética de Bielorrusia.

República Socialista Soviética de Uzbekia.

República Socialista Soviética de Kazajia.

República Socialista Soviética de Georgia,

República Socialista Soviética de Azerbaidzhán.

República Socialista Soviética de Lituania.

República Socialista Soviética de Moldavia.

República Socialista Soviética de Letonia.

República Socialista Soviética de Kirguizia.

República Socialista Soviética de Tadzhikia.

República Socialista Soviética de Armenia.

---

1   El texto aquí reproducido es el resultado final de una serie de 45 enmiendas posteriores. Entre las modificicaciones importantes está el hecho de que en 1936 no formaban parte de la URSS Moldavia, Estonia, Letonia y Lituania, territorios que habían formado parte del Estado ruso hasta que éste tuvo que renunciar a ellos por el tratado de Brest-Litovsk de 1818, recuperándolos en 1940.

República Socialista Soviética de Turkmenia.

República Socialista Soviética de Estonia.

Artículo 14.— Incumbe a la Unión de Repúblicas Socialistas Soviéticas, personificada por sus órganos superiores de poder y por los órganos da la administración del Estado:

a) representar a la URSS en las relaciones internacionales, firmar, ratificar y denunciar los tratados de la URSS con otros Estados, establecer las reglas generales concernientes a las relaciones de las repúblicas federadas con otros Estados;

b) decidir en las cuestiones de la guerra y la paz;

c) admitir a nuevas repúblicas en el seno de la URSS;

d) controlar el cumplimiento de la Constitución de la URSS y asegurar la conformidad con ella de las Constituciones de la repúblicas federadas;

e) ratificar las modificaciones de las fronteras entre las repúblicas federadas;

f) ratificar la formación de nuevas repúblicas autónomas y regiones autónomas en el seno de las repúblicas federadas;

g) organizar la defensa de la URSS, dirigir todas las Fuerzas Armadas del país y establecer las bases directrices para la organización de las formaciones militares de las repúblicas federadas;

h) dirigir el comercio exterior sobre la base del monopolio del Estado;

i) proteger la seguridad del Estado;

j) establecer los planes de la economía nacional de la URSS;

k) aprobar el presupuesto general para toda la URSS y el balance de su cumplimiento y fijar los impuestos e ingresos que forman los presupuestos de la Unión, de las repúblicas y de carácter local;

l) dirigir los bancos, lo establecimientos y empresas industriales y agrícolas y las empresas comerciales dependientes de los organismos de toda la Unión; ejercer la dirección general de la industria y la construcción dependientes de los organismos de toda la Unión y de república;

m) dirigir los transportes y los medios de comunicación de importancia para toda la Unión:

n) dirigir el sistema monetario y crediticio;

o) organizar los seguros del Estado;

p) concertar y conceder empréstitos;

q) establecer los principios básicos del usufructo de la tierra, del subsuelo, de los bosques y de las aguas;

r) establecer los principios básicos en materia de Instrucción Pública y Sanidad;

s) organizar un sistema único de contabilidad de la economía nacional;

t) establecer las bases de la legislación laboral;

u) establecer las bases de la legislación referente a la organización de la justicia y al procedimiento judicial, así como las bases de la legislación civil, penal y correccional por medio del trabajo;

v) promulgar leyes sobre la ciudadanía de la URSS y los derechos de los extranjeros;

x) establecer las bases de la legislación sobre el matrimonio y la familia;

y) promulgar decretos de amnistía extensivos a toda la Unión.

Artículo 15.— La soberanía de las repúblicas federadas queda limitada solamente en los términos previstos en el artículo 14 de la Constitución de la URSS. Fuera de ellos, cada república federada ejerce el poder de una manera independiente. La URSS protege los derechos soberanos de las repúblicas federadas.

Artículo 16.— Cada república federada tiene su Constitución con arreglo a las peculiaridades de la república y en plena concordancia con la Constitución de la URSS.

Artículo 17.— Cada república federada conserva el derecho de separarse libremente de la URSS.

Artículo 18.— El territorio de las repúblicas federadas no puede ser modificado sin su consentimiento.

a) Cada república federada tiene derecho a establecer relaciones directas con los Estados extranjeros, concertar acuerdos con ellos e intercambiar representantes diplomáticos y consulares.

b) Cada república federada tiene sus propias formaciones militares.

Artículo 19.— Las leyes de la URSS tienen el mismo vigor en todas las repúblicas federadas.

Artículo 20.— En caso de divergencia entre la ley de una república federada y la ley de toda la Unión, rige esta última.

Artículo 21.— Se establece la ciudadanía única para los ciudadanos de la URSS. Todo ciudadano de una república federada es ciudadano de la URSS.

Artículo 22.— En la República Socialista Federativa Soviética de Rusia están incluidas las Repúblicas Socialistas Soviéticas Autónomas de Bashkiria, de Buriatia, de los Calmucos, de Carelia, de Checheno-Ingushetia, de Chuvashia, de Daguestán, de Kabardino-Balkaria, de los Komis, de los Maris, de Mordovia, de Osetia del Norte, de Tartaria, de Tuva, de Udmurtia y de Yakutia, y las Regiones Autónomas de los Adigués, de los Hebreos, de Gorno-Altái, de Jakasia y de Karacháevo-Circasia.

Artículo 23[2]**.—** La República Socialista Soviética de Ucrania está compuesta por Vinnitsa, Volynsk, Voroshilovgrad, Dnepropetrovsk, Drogobych, Zhitomir, Zaporozhe, Izmail, Kamenets-Podolsk, Kiev, Kirovograd, Lvov, Nikolaev, Odessa, Poltava, Rovno, Stalino, Stanislav, Stanislav, Stanislav, Stanislav Regiones de Jarkov, Chemigov y Chernovitsy.

Artículo 24.— En la República Socialista Soviética de Azerbaidzhán están incluidas la República Socialista Soviética Autónoma de Najicheván y la Región Autónoma de Nagorno-Karabaj.

Artículo 25.— En la República Socialista Soviética de Georgia están incluidas la República Socialista Soviética Autónoma de Abjazia, la República Socialista Soviética Autónoma de Adzharia y la Región Autónoma de Osetia del Sur.

Artículo 26.— En la República Socialista Soviética de Uzbekia está incluida la República Socialista Soviética Autónoma de Kara-Kalpakia.

Artículo 27.— En la República Socialista Soviética de Tadzhikia está incluida la Región Autónoma de Gorno-Badajshán.

Artículo 28.— La solución de los problemas concernientes a

---

2 Suprimido posteriormente.

la división administrativoterritorial de las repúblicas federadas en regiones y territorios incumbe a las repúblicas federadas.

Artículo 29[3].— La República Socialista Soviética de Turkmenistán se compone de las regiones de Ashkhabad, Krasnovodsk, Mari, Tashauz y Chardzhou.

---

3 Suprimido posteriormente.

— CAPÍTULO III —

ÓRGANOS SUPERIORES DE PODER DE LA UNIÓN DE REPÚBLICAS SOCIALISTAS SOVIÉTICAS

Artículo 30.— El órgano supremo de poder de la Unión de Repúblicas Socialistas Soviéticas es el Soviet Supremo de la URSS.

Artículo 31.— El Soviet Supremo de la URSS ejerce todos los derechos conferidos a la Unión de Repúblicas Socialistas Soviéticas de acuerdo con el artículo 14 de la Constitución y que, en virtud de la misma, no sean de la competencia de los órganos de la URSS subordinados a su Soviet Supremo: el Presidium del Soviet Supremo de la URSS, el Consejo de Ministros de la URSS y los Ministerios de la URSS.

Artículo 32.— El poder legislativo en la URSS lo ejerce exclusivamente el Soviet Supremo de la URSS.

Artículo 33.— El Soviet Supremo de la URSS está compuesto de dos Cámaras: el Soviet de la Unión y el Soviet de las Nacionalidades.

Artículo 34.— El Soviet de la Unión lo eligen los ciudadanos de la URSS en circunscripciones electorales, a razón de un diputado por cada 300.000 habitantes.

Artículo 35.— El Soviet de las Nacionalidades lo eligen los ciudadanos de la URSS en las repúblicas federadas y autónomas, en las regiones autónomas y en las comarcas nacionales en las siguientes proporciones: 32 diputados por cada república federada, 11 diputados por cada república autónoma, 5 diputados por cada región autónoma y un diputado por cada comarca nacional.

Artículo 36.— El Soviet Supremo de la URSS es elegido por un plazo de cuatro años.

Artículo 37.— Las dos cámaras del Soviet Supremo de la URSS —el Soviet de la Unión y el Soviet de las Nacionalidades— son iguales en derechos.

Artículo 38.— La iniciativa legislativa pertenece por igual al Soviet de la Unión y al Soviet de las Nacionalidades.

Artículo 39.— Se considera aprobada una ley cuando ha sido aceptada por ambas cámaras del Soviet Supremo de la URSS por simple mayoría de votos en cada una de ellas.

Artículo 40.— Las leyes aprobadas por el Soviet Supremo de la URSS se publican en las lenguas de las repúblicas federadas con la firma del Presidente y del Secretario del Presidium del Soviet Supremo de la URSS.

Artículo 41.— Las sesiones del Soviet de la Unión y del Soviet de las Nacionalidades empiezan y terminan al mismo tiempo.

Artículo 42.— El Soviet de la Unión elige su Presidente y cuatro Vicepresidentes.

Artículo 43.— El Soviet de las Nacionalidades elige su Presidente y cuatro Vicepresidentes.

Artículo 44.— Los presidentes del Soviet de la Unión y del Soviet de las Nacionalidades presiden las reuniones de las respectivas cámaras y velan por la aplicación de su reglamento interno.

Artículo 45.— Las sesiones conjuntas de las dos cámaras del Soviet Supremo de la URSS las presiden por turno los presidentes del Soviet de la Unión y del Soviet de las Nacionalidades.

Artículo 46.— La reuniones del Soviet Supremo de la URSS son convocadas por su Presidium dos veces al año.

Las reuniones extraordinarias las convoca el Presidium del Soviet Supremo de la URSS cuando lo considera necesario o a petición de cualquier república federada.

Artículo 47.— En caso de desacuerdo entre el Soviet de la Unión y el Soviet de las Nacionalidades, el asunto se somete a decisión de una Comisión de Conciliación, formada por ambas cámaras sobre bases paritarias. Si la Comisión de Conciliación no llega a un acuerdo concorde o si el acuerdo no satisface a una de las cámaras, el asunto es examinado por segunda vez en las cámaras. En el caso de que no se logre un acuerdo concorde de ambas cámaras, el Presidium del Soviet Supremo de la URSS disuelve el Soviet Supremo de la URSS y convoca nuevas elecciones.

Artículo 48.— El Soviet Supremo de la URSS elige en sesión conjunta de ambas cámaras el Presidium del Soviet Supremo de la URSS, compuesto del Presidente, quince Vicepresidentes —uno por cada república federada—, el Secretario y otros veinte miembros.

El Presidium del Soviet Supremo de la URSS rinde cuenta de toda su actuación ante el Soviet Supremo de la URSS.

Artículo 49.— El Presidium del Soviet Supremo de la URSS:

a) convoca las reuniones del Soviet Supremo de la URSS;

b) promulga decretos;

c) interpreta las leyes vigentes en la URSS;

d) disuelve el Soviet Supremo de la URSS, en consonancia con el artículo 47 de la Constitución

de la URSS, y convoca nuevas elecciones;

e) efectúa consultas populares (referéndums) por iniciativa propia o a petición de cualquier república federada;

f) anula las disposiciones y decisiones del Consejo de Ministros de la URSS y de los Consejos

de Ministros de las repúblicas federadas cuando no se ajusten a la ley;

g) durante el período comprendido entre las reuniones del Soviet Supremo de la URSS releva de sus funciones y nombra a ministros de la URSS, a propuesta del Presidente del Consejo de Ministros de la URSS, debiendo someter luego su decisión a la aprobación del Soviet Supremo de la URSS;

h) instituye las órdenes y medallas de la URSS y estatuye los títulos honoríficos de la URSS;

i) condecora con órdenes y medallas de la URSS y adjudica los títulos honoríficos de la URSS;

j) ejerce el derecho de gracia;

k) establece los grados militares, los rangos diplomáticos y otros títulos especiales;

l) nombra y releva a los altos mandos de las Fuerzas Armadas de la URSS;

m) durante el período comprendido entre las sesiones del Soviet Supremo de la URSS declara el estado de guerra en caso de agresión militar a la URSS o si es necesario cumplir compromisos contractuales internacionales de defensa mutua frente a la agresión;

n) decreta la movilización total o parcial;

o) ratifica y denuncia los tratados internacionales de la URSS;

p) nombra y revoca a los representantes plenipotenciarios de la URSS en otros Estados;

q) recibe las cartas credenciales y de revocación de los representantes diplomáticos de los Estados acreditados cerca de él;

r) declara el estado de guerra en lugares determinados o en toda la URSS en interés de la defensa del país o para garantizar el orden público y la seguridad del Estado.

Artículo 50.— El Soviet de la Unión y el Soviet de las Nacionalidades eligen Comisiones de Actas que comprueban los poderes de los diputados de cada Cámara.

A propuesta de las Comisiones de Actas, las cámaras aprueban o anulan la validez de la elección de los diputados.

Artículo 51.— El Soviet Supremo de la URSS designa, cuando lo estima necesario, comisiones de investigación o revisión de cualquier asunto.

Todas las instituciones y todos los funcionarios públicos vienen obligados a satisfacer las peticiones de estas comisiones y facilitarles los datos y documentos necesarios.

Artículo 52.— Los diputados al Soviet Supremo de la URSS no pueden ser procesados ni detenidos sin la conformidad del Soviet Supremo de la URSS y, en el período comprendido entre las sesiones del mismo, sin la conformidad del Presidium del Soviet Supremo de la URSS.

Artículo 53.— Al expirar los poderes del Soviet Supremo de la URSS, o en caso de ser disuelto antes de extinguirse su mandato, el Presidium conserva sus atribuciones hasta la formación de otro por el Soviet Supremo de la URSS de nueva elección.

Artículo 54.— Al expirar los poderes del Soviet Supremo de la URSS, o en caso de ser disuelto antes de extinguirse su mandato, el Presidium convoca nuevas elecciones en el plazo máximo de dos meses a partir de la fecha de expiración de los poderes o de la disolución del Soviet Supremo de la URSS.

Artículo 55.— El Soviet Supremo de la URSS de nueva elección es convocado por el Presidium del precedente Soviet Supremo de la URSS en el plazo máximo de tres meses después de las elecciones.

Artículo 56.— El Soviet Supremo de la URSS forma, en sesión conjunta de ambas cámaras, el Gobierno de la URSS: el Consejo de Ministros de la URSS.

— CAPÍTULO IV —

ÓRGANOS SUPERIORES DE PODER DE LAS REPÚBLICAS FEDERADAS

Artículo 57.— El órgano supremo de poder de la república federada es su Soviet Supremo.

Artículo 58.— El Soviet Supremo de la república federada lo eligen los ciudadanos de la república por un plazo de cuatro años.

Las normas de representación son fijadas por las Constituciones de las repúblicas federadas.

Artículo 59.— El Soviet Supremo de la república federada es el único órgano legislativo de la república.

Artículo 60.— El Soviet Supremo de la república federada:

a) aprueba la Constitución de la república e introduce en ella modificaciones, en consonancia con el artículo 16 de la Constitución de la URSS;

b) ratifica las Constituciones de las repúblicas autónomas que forman parte de ella y fija las fronteras de las mismas;

c) aprueba el plan económico y el presupuesto de la república;

d) ejerce el derecho de amnistía y de gracia respecto a los ciudadanos condenados por órganos judiciales de la república federada;

e) determina la representación de la república federada

en las relaciones internacionales;

f) determina las normas de organización de las formaciones militares de la república.

Artículo 61.— El Soviet Supremo de la república federada elige su Presidium, compuesto del Presidente, los Vicepresidentes, el Secretario y otros miembros.

Las atribuciones del Presidium del Soviet Supremo de la república federada son determinadas por la Constitución de ésta.

Artículo 62.— Para dirigir las reuniones, el Soviet Supremo de la república federada elige a su Presidente y sus Vicepresidentes.

Artículo 63.— El Soviet Supremo de la república federada forma el Gobierno de la república federada: el Consejo de Ministros de la república federada.

—CAPÍTULO V—

ÓRGANOS DE LA ADMINISTRACIÓN DEL ESTADO DE LA UNIÓN DE REPÚBLICAS SOCIALISTAS SOVIÉTICAS

Artículo 64.— El órgano superior del poder ejecutivo y administrativo de la Unión de Repúblicas Socialistas Soviéticas es el Consejo de Ministros de la URSS.

Artículo 65.— El Consejo de Ministros de la URSS es responsable ante el Soviet Supremo de la URSS y le rinde cuenta de su gestión; en el período comprendido entre las reuniones del Soviet Supremo es responsable ante el Presidium de éste y le rinde cuenta de su gestión.

Artículo 66.— El Consejo de Ministros de la URSS adopta acuerdos y disposiciones sobre la base y en cumplimiento de las leyes vigentes y controla su ejecución.

Artículo 67.— El cumplimiento de los acuerdos y disposiciones del Consejo de Ministros de la URSS es obligatorio en todo el territorio del país.

Artículo 68.— El Consejo de Ministros de la URSS:

a) unifica y dirige la labor de los Ministerios de toda la Unión, así como de los Ministerios de toda la Unión y de república, de los Comités Estatales del Consejo de Ministros de la URSS y de las demás instituciones que se hallan bajo su jurisdicción;

b) adopta medidas para asegurar el cumplimiento del plan de la economía nacional y del presupuesto del

Estado y fortalecer el sistema monetario y crediticio;

c) adopta medidas para asegurar el orden público, defender los intereses del Estado y proteger los derechos de los ciudadanos;

d) ejerce la dirección general de las relaciones con los Estados extranjeros;

e) fija los contingentes anuales de ciudadanos que deben ser llamados al servicio militar activo y dirige la organización general de las Fuerzas Armadas del país;

f) forma Comités Estatales de la URSS y, en caso de necesidad, Comités Especiales y Direcciones Generales adjuntos al Consejo de Ministros de la URSS para los asuntos concernientes a la labor económica, cultural y de defensa.

Artículo 69.— El Consejo de Ministros de la URSS está facultado, en las ramas de la administración y de la economía que incumben a la URSS, para dejar en suspenso los acuerdos y disposiciones de los Consejos de Ministros de las repúblicas federadas y anular las órdenes e instrucciones de los Ministros de la URSS, así como los actos de otras instituciones dependientes de él.

Artículo 70.— El Consejo de Ministros de la URSS lo forma el Soviet Supremo de la URSS y se compone de: Presidente del Consejo de Ministros de la URSS; Primeros Vicepresidentes del Consejo de Ministros de la URSS; Vicepresidentes del Consejo de Ministros de la URSS; Ministros de la URSS; Presidente del Comité Estatal de Planificación, del Consejo de Ministros de la URSS; Presidente del Comité Estatal de la Construcción, del Consejo de Ministros de la URSS; Presidente del Comité Estatal de Abastecimiento de Materiales y Maquinaria, del Consejo de

Ministros de la URSS; Presidente del Comité de Control Popular de la URSS; Presidente del Comité Estatal de Trabajo y Salarios, del Consejo de Ministros de la URSS; Presidente del Comité Estatal de Ciencia y Técnica, del Consejo de Ministros de la URSS; Presidente del Comité Estatal de Precios, del Consejo de Ministros de la URSS; Presidente del Comité Estatal de Estandardización, del Consejo de Ministros de la URSS; Presidente del Comité Estatal de Enseñanza Profesional y Técnica, del Consejo de Ministros de la URSS; Presidente del Comité Estatal de Televisión y Radiodifusión, del Consejo de Ministros de la URSS; Presidente del Comité Estatal de Silvicultura, del Consejo de Ministros de la URSS; Presidente del Comité Estatal de Relaciones Económicas Exteriores, del Consejo de Ministros de la URSS; Presidente del Comité de Seguridad del Estado, adjunto al Consejo de Ministros de la URSS; Presidente de la Sociedad de toda la Unión para la venta de maquinaria agrícola a los koljoses y sovjoses, del Consejo de Ministros de la URSS; Presidente de la Dirección del Banco del Estado de la URSS; Jefe de la Dirección Central de Estadística, adjunta al Consejo de Ministros de la URSS.

Forman parte del Consejo de Ministros de la URSS, en virtud de su propio cargo, los Presidentes de los Consejos de Ministros de las repúblicas federadas.

Artículo 71.— El Gobierno de la URSS o cualquier Ministro de la URSS, al ser interpelados por un diputado al Soviet Supremo de la URSS, están obligados a contestarle de palabra o por escrito, en el plazo máximo de tres días, en la Cámara correspondiente.

Artículo 72.— Los Ministros de la URSS dirigen las ramas de la administración del Estado que incumben a la URSS.

Artículo 73.— Los Ministros de la URSS dictan, dentro de la competencia de los Ministerios correspondientes, órdenes e instrucciones sobre la base y en cumplimiento de las leyes en vigor, así como de las disposiciones y órdenes del Consejo de Ministros de la URSS, y controlan su ejecución.

Artículo 74.— Los Ministerios de la URSS pueden ser de toda la Unión o bien de toda la Unión y de república.

Artículo 75.— Los Ministerios de toda la Unión dirigen en todo el territorio del país, directamente o a través de los órganos designados por ellos, la rama de la administración del Estado que les está encomendada.

Artículo 76.— Los Ministerios de toda la Unión y de república dirigen la rama de la administración del Estado que les está encomendada a través, por lo general, de los ministerios homónimos de las repúblicas federadas y sólo administran directamente un número determinado y limitado de empresas, de conformidad con una relación aprobada por el Presidium del Soviet Supremo de la URSS.

Artículo 77.— Son Ministerios de toda la Unión los de: Industria Aeronáutica; Industria Automovilística; Comercio Exterior; Industria del Gas; Aviación Civil; Construcción de Maquinaria; Maquinaria para las Industrias Ligera y Alimentaria y Aparatos de Uso Doméstico; Industria de Equipos e Instrumental Médicos; Flota Marítima; Industria Petrolera; Industria de Defensa; Maquinaria General; Aparatos de Precisión, Medios de Automatización y Sistemas de Dirección; Vías de Comunicación; Industria Radiotécnica; Maquinaria Media; Máquinas-Herramienta e Instrumental; Maquinaria para la Construcción en General, de Carreteras y de Servicios Municipales; Industria de Construcciones Navales; Tractores y Maquinaria Agrícola; Construcciones para el Transporte; Maquinaria Pesada, Energética y de Transporte; Maquinaria para las Industrias Química y Petrolera; Industria Química; Industria Electrónica; Industria Celuloso-Papelera; Industria Electrotécnica.

Artículo 78.— Son Ministerios de toda la Unión y de

República los de: Interior; Enseñanza Superior y Media Especializada; Geología; Acopios; Sanidad; Negocios Extranjeros; Cultura; Industria Ligera; Industria Forestal y Maderera; Mejoramiento de los Terrenos y Aprovechamiento de Aguas; Montaje y Trabajos Especiales de la Construcción; Industria de la Carne y de Productos Lácteos; Industria de Destilación del Petróleo y Petroquímica; Defensa; Industria Alimentaria; Construcción de Empresas Industriales; Industria de Materiales de Construcción; Instrucción Pública; Industria Pesquera; Comunicaciones; Construcción Rural, Agricultura; Construcción; Construcción de Empresas de la Industria Pesada; Comercio; Industria Hullera; Hacienda; Metalurgia no Ferrosa; Siderurgia; Industria Energética y Electrificación; Justicia.

— CAPÍTULO VI —

ÓRGANOS DE LA ADMINISTRACIÓN DEL ESTADO DE LAS REPÚBLICAS FEDERADAS

Artículo 79.— El órgano superior de poder ejecutivo y administrativo de la república federada es el Consejo de Ministros de la república.

Artículo 80.— El Consejo de Ministros de la república federada es responsable ante el Soviet Supremo de la república federada y le rinde cuenta de su gestión; en el período comprendido entre las reuniones del Soviet Supremo de la república federada es responsable ante el Presidium de éste y le rinde cuenta de su gestión.

Artículo 81.— El Consejo de Ministros de la república federada adopta acuerdos y disposiciones sobre la base y en cumplimiento de las leyes vigentes de la URSS y de la república federada, así como de las disposiciones y órdenes del Consejo de Ministros de la URSS, y controla su ejecución.

Artículo 82.— El Consejo de Ministros de la república federada está facultado para dejar en suspenso los acuerdos y disposiciones de los Consejos de Ministros de las repúblicas autónomas y anular las decisiones y disposiciones de los Comités Ejecutivos de los Soviets de diputados de los trabajadores de los territorios, regiones y regiones autónomas.

Artículo 83.— El Consejo de Ministros de la república federada lo forma el Soviet Supremo de la república federada y se compone de: Presidente del Consejo de Ministros de la república federada; Vicepresidentes del Consejo de Ministros;

Ministros; Presidentes de los Comités Estatales y de las comisiones y dirigentes de otros departamentos del Consejo de Ministros, instituidos por el Soviet Supremo de la república federada de conformidad con la Constitución de ésta.

Artículo 84.— Los Ministros de la república federada dirigen las ramas de la administración del Estado que incumben a la república federada.

Artículo 85.— Los Ministros de la república federada dictan, dentro de la competencia de los ministerios correspondientes, órdenes e instrucciones sobre la base y en cumplimiento de las leyes de la URSS y de la república federada, así como de los acuerdos y disposiciones del Consejo de Ministros de la URSS y del de la república federada y de las órdenes e instrucciones de los Ministerios de toda la Unión y de república de la URSS.

Artículo 86.— Los Ministerios de la república federada pueden ser de toda la Unión y de república o sólo de república.

Artículo 87.— Los Ministerios de toda la Unión y de república dirigen la rama de la administración del Estado que les está encomendada, subordinándose tanto al Consejo de Ministros de la república federada como al correspondiente Ministerio de toda la Unión y de república de la URSS.

Artículo 88.— Los Ministerios de república dirigen la rama de la administración del Estado que les está encomendada, subordinándose directamente al Consejo de Ministros de la república federada.

— CAPÍTULO VII —

ÓRGANOS SUPERIORES DE PODER DE LAS REPÚBLICAS SOCIALISTAS SOVIÉTICAS AUTÓNOMAS

Artículo 89.— El órgano supremo de poder de la república autónoma es el Soviet Supremo de la República Socialista Soviética Autónoma.

Artículo 90.— El Soviet Supremo de la república autónoma lo eligen los ciudadanos de la república por un plazo de cuatro años, de acuerdo con las normas de representación fijadas por la Constitución de la república autónoma.

Artículo 91.— El Soviet Supremo de la república autónoma es el único órgano legislativo de ésta.

Artículo 92.— Cada república autónoma tiene su Constitución, con arreglo a las peculiaridades de la república autónoma y en plena concordancia con la Constitución de la república federada.

Artículo 93.— El Soviet Supremo de la república autónoma elige su Presidium y forma el Consejo de Ministros de la república autónoma, de conformidad con su Constitución.

— CAPÍTULO VIII —

ÓRGANOS LOCALES DE PODER

Artículo 94.— Los órganos locales de poder en los territorios, regiones, regiones autónomas, comarcas, distritos, ciudades y localidades rurales (stanitsas, aldeas, caseríos, kishlaks, aúles) son los Soviets de diputados de los trabajadores.

Artículo 95.— Los Soviets de diputados de los trabajadores de los territorios, regiones, regiones autónomas, comarcas, distritos, ciudades y localidades rurales (stanitsas, aldeas, caseríos, kishlaks, aúles), cuyo mandato es de dos años, son elegidos por los trabajadores del respectivo territorio, región, región autónoma, comarca, ciudad o localidad rural.

Artículo 96.— Las normas de representación para los Soviets de diputados de los trabajadores son fijadas por las Constituciones de las repúblicas federadas.

Artículo 97.— Los Soviets de diputados de los trabajadores dirigen la labor de los órganos administrativos que dependen de ellos, aseguran el orden público, el cumplimiento de las leyes y la protección de los derechos de los ciudadanos, dirigen la actividad económica y cultural local y determinan el presupuesto local.

Artículo 98.— Los Soviets de diputados de los trabajadores adoptan acuerdos y dictan disposiciones en los límites de las facultades que les confieren las leyes de la URSS y de la república federada.

Artículo 99.— Los órganos ejecutivos y administrativos de los Soviets de diputados de los trabajadores de los territorios, regiones, regiones autónomas, comarcas, distritos, ciudades y localidades rurales son los Comités Ejecutivos, elegidos por los Soviets y compuestos del Presidente, los Vicepresidentes, el Secretario y los vocales.

Artículo 100.— En los pequeños núcleos de población, los órganos ejecutivos y administrativos de los Soviets de diputados de los trabajadores los integran, de acuerdo con las Constituciones de las repúblicas federadas, el Presidente, el Vicepresidente y el Secretario elegidos por dichos Soviets.

Artículo 101.— Los órganos ejecutivos de los Soviets de diputados de los trabajadores rinden cuenta directamente de su gestión tanto al Soviet de diputados de los trabajadores que los ha elegido como al órgano ejecutivo del Soviet de diputados de los trabajadores inmediatamente superior.

— CAPÍTULO IX —

TRIBUNALES Y PROCURATURA

Artículo 102.— La Justicia es administrada en la URSS por el Tribunal Supremo de la URSS, los Tribunales Supremos de las repúblicas federadas, los tribunales de los territorios y regiones, de las repúblicas autónomas, regiones autónomas y comarcas, los tribunales especiales de la URSS, instituidos por acuerdo del Soviet Supremo de la URSS, y los tribunales populares.

Artículo 103.— Las causas se ven en todos los tribunales con participación de jurados populares, salvo en los casos previstos especialmente por la ley.

Artículo 104.— El máximo órgano judicial es el Tribunal Supremo de la URSS. Está encargado de vigilar la actuación de los órganos de justicia de la URSS y de las repúblicas federadas, en los límites establecidos por la ley.

Artículo 105.— El Tribunal Supremo de la URSS lo elige el Soviet Supremo de la URSS por un plazo de cinco años.

Forman parte del Tribunal Supremo de la URSS, en virtud de su propio cargo, los Presidentes de los Tribunales Supremos de las repúblicas federadas.

Artículo 106.— Los Tribunales Supremos de las repúblicas federadas los eligen los Soviets Supremos de las mismas por un plazo de cinco años.

Artículo 107.— Los Tribunales Supremos de las repúblicas autónomas los eligen los Soviets Supremos de las mismas por un plazo de cinco años.

Artículo 108.— Los tribunales de los territorios y regiones, de las regiones autónomas y de las comarcas los eligen los Soviets de diputados de los trabajadores de los territorios, regiones o comarcas, o bien los Soviets de diputados de los trabajadores de las regiones autónomas, por un plazo de cinco años.

Artículo 109.— Los jueces populares de los tribunales populares distritales (urbanos) los eligen los ciudadanos de cada distrito (ciudad), por un plazo de cinco años, mediante sufragio universal, igual, directo y secreto.

Los jurados populares de los tribunales populares distritales (urbanos) los eligen, por un plazo de dos años, los obreros, empleados y campesinos, en asambleas generales, celebradas en los lugares de trabajo o de vivienda, y los militares, en las unidades militares.

Artículo 110.— La Justicia se administra en la lengua de la república federada o autónoma o de la región autónoma, asegurando a quienes no hablen dicha lengua el conocimiento pleno de los documentos de la causa por medio de un intérprete, así como el derecho de usar de la palabra ante el tribunal en su lengua materna.

Artículo 111.— La vista de las causas en todos los tribunales de la URSS es pública, siempre que la ley no disponga lo contrario, garantizándose al acusado el derecho de defensa.

Artículo 112.— Los jueces son independientes y sólo se subordinan a la ley.

Artículo 113.— La vigilancia máxima del cumplimiento exacto de las leyes por todos los Ministerios e instituciones dependientes de ellos, así como por los funcionarios públicos y los ciudadanos de la URSS, incumbe al Fiscal General de la URSS.

Artículo 114.— El Fiscal General de la URSS lo designa el

Soviet Supremo de la URSS por un plazo de siete años.

Artículo 115.— Los fiscales de las repúblicas, de los territorios y de las regiones, así como los de las repúblicas autónomas y regiones autónomas, los designa el Fiscal General de la URSS por un plazo de cinco años.

Artículo 116.— Los fiscales de las comarcas, de los distritos y de las ciudades los designan los fiscales de las repúblicas federadas por un plazo de cinco años, debiendo ser ratificados por el Fiscal General de la URSS.

Artículo 117.— Los órganos de la Procuratura son independientes de todo órgano local en el ejercicio de sus funciones, subordinándose únicamente al Fiscal General de la URSS.

—CAPÍTULO X—

DERECHOS Y DEBERES FUNDAMENTALES DE LOS CIUDADANOS

Artículo 118.— Los ciudadanos de la URSS tienen derecho al trabajo, es decir, a obtener un trabajo garantizado y remunerado según su cantidad y calidad. Garantizan el derecho a trabajo la organización socialista de la economía nacional, el crecimiento constante de las fuerzas productivas de la sociedad soviética, la eliminación de la posibilidad de crisis económicas y la supresión del paro forzoso.

Artículo 119.— Los ciudadanos de la URSS tienen derecho al descanso. Garantizan el derecho al descanso la jornada laboral de siete horas para los obreros y empleados y su reducción a seis horas para las profesiones cuyas condiciones de trabajo son difíciles, y a cuatro horas en las secciones en que dichas condiciones son especialmente difíciles; las vacaciones anuales pagadas para los obreros y empleados, y la existencia de una extensa red de sanatorios, casas de descanso y clubs, puestos a disposición de los trabajadores.

Artículo 120.— Los ciudadanos de la URSS tienen derecho a la asistencia económica en la vejez, así como en caso de enfermedad y de pérdida de la capacidad de trabajo. Garantizan este derecho el amplio desarrollo de los seguros sociales de los obreros y empleados a cargo del Estado, la asistencia médica gratuita a los trabajadores y la existencia de una extensa red de balnearios puestos a disposición de los trabajadores.

Artículo 121.— Los ciudadanos de la URSS tienen derecho a la instrucción. Garantizan este derecho la enseñanza general y obligatoria de ocho grados, la gran amplitud de la enseñanza media politécnica general, de la enseñanza profesional y técnica, y de la enseñanza media especializada y superior, basadas en la vinculación del estudio con la vida, con la producción; el fomento máximo de la enseñanza nocturna y por libre, la gratuidad de toda clase de enseñanza y el sistema de becas del Estado; la enseñanza en las escuelas en la lengua materna, y la organización en las fábricas, sovjoses y koljoses de la enseñanza gratuita fabril, técnica y agronómica para los trabajadores.

Artículo 122.— La mujer tiene en la URSS iguales derechos que el hombre en todos los dominios de la vida económica, pública, cultural, social y política. Garantizan el ejercicio de estos derechos la concesión a la mujer de los mismos derechos que al hombre en materia de trabajo, salario, descanso, seguros sociales e instrucción; la protección de los derechos de la madre y del niño por el Estado; la ayuda del Estado a las madres de prole numerosa y a las madres solas; la concesión a la mujer de vacaciones pagadas en caso de embarazo, y una extensa red de casas de maternidad, casas-cuna y jardines de la infancia.

Artículo 123.— Es ley inviolable la igualdad de derechos de los ciudadanos de la URSS, sin distinción de nacionalidad ni de raza, en todos los dominios de la vida económica, pública, cultural, social y política.

La ley castiga toda restricción directa o indirecta de los derechos, o, inversamente, el establecimiento de privilegios directos o indirectos de los ciudadanos por razón de la raza y la nacionalidad a que pertenezcan, lo mismo que toda prédica de exclusivismo racial o nacional, o de odio y desdén racial o nacional.

Artículo 124.— A fin de garantizar a los ciudadanos la libertad de conciencia, la Iglesia en la URSS está separada del

Estado, y la escuela, de la Iglesia. Se reconoce a todos los ciudadanos la libertad de culto y la libertad de propaganda antirreligiosa.

Artículo 125.— De conformidad con los intereses de los trabajadores y a fin de consolidar el régimen socialista, la ley garantiza a los ciudadanos de la URSS:

a) la libertad de palabra;

b) la libertad de imprenta;

c) la libertad de reunión y de mítines;

d) la libertad de desfiles y manifestaciones en las calles.

Garantizan estos derechos de los ciudadanos el que los trabajadores y sus organizaciones disponen de las imprentas, existencias de papel, edificios públicos, calles, medios de comunicación y otras condiciones materiales necesarias para su ejercicio.

Artículo 126.— De conformidad con los intereses de los trabajadores y a fin de fomentar la iniciativa de organización y la actividad política de las masas populares, se garantiza a los ciudadanos de la URSS el derecho de agruparse en organizaciones sociales: sindicatos, asociaciones cooperativas, organizaciones juveniles, deportivas y de defensa, sociedades culturales, técnicas y científicas. Los ciudadanos más activos y más conscientes que forman parte de la clase obrera, de los campesinos trabajadores y de los intelectuales trabajadores se agrupan voluntariamente en el Partido Comunista de la Unión Soviética, destacamento de vanguardia de los trabajadores en su lucha por edificar la sociedad comunista y núcleo dirigente de todas las organizaciones de los trabajadores, tanto sociales como del Estado.

Artículo 127.— Los ciudadanos de la URSS tienen garantizada la inviolabilidad personal. Nadie puede ser detenido sino por decisión del tribunal o con sanción del fiscal.

Artículo 128.— La ley protege la inviolabilidad del domicilio de los ciudadanos y el secreto de la correspondencia.

Artículo 129.— La URSS concede el derecho de asilo a los ciudadanos extranjeros perseguidos por defender los intereses de los trabajadores, por sus actividades científicas o por su lucha de liberación nacional.

Artículo 130.— Todo ciudadano de la URSS tiene el deber de observar la Constitución de la Unión de Repúblicas Socialistas Soviéticas, cumplir las leyes, acatar la disciplina de trabajo, cumplir honradamente con sus obligaciones sociales y respetar las reglas de convivencia socialista.

Artículo 131.— Todo ciudadano de la URSS tiene el deber de cuidar y fortalecer la propiedad social, socialista, como base sagrada e inviolable del régimen soviético, como origen de la riqueza y del poderío de la patria, como fuente de una vida acomodada y culta para todos los trabajadores.

Los individuos que atentan contra la propiedad social, socialista, son enemigos del pueblo.

Artículo 132.— El servicio militar general obligatorio es una ley.

El servicio militar en las Fuerzas Armadas de la URSS es un deber de honor de los ciudadanos de la URSS.

Artículo 133.— La defensa de la patria es un deber sagrado de todo ciudadano de la URSS.

La traición a la patria —la violación del juramento, la deserción al campo enemigo, el detrimento del poderío militar del Estado y el espionaje— es castigada con todo el rigor de la ley como el más grave de los crímenes.

— CAPÍTULO XI —

SISTEMA ELECTORAL

Artículo 134.— Todos los Soviets de diputados de los trabajadores —el Soviet Supremo de la URSS, los Soviets Supremos de las repúblicas federadas, los Soviets de territorio y de región, los Soviets Supremos de las repúblicas autónomas, los Soviets de las regiones autónomas y de las comarcas, de los distritos, ciudades y localidades rurales (stanitsas, aldeas, caseríos, kishlaks y aúles)— son elegidos por sufragio universal, igual, directo y secreto.

Artículo 135.— Las elecciones de diputados se hacen por sufragio universal: tienen derecho a participar en ellas todos los ciudadanos de la URSS que hayan alcanzado la edad de 18 años, independientemente de la raza y la nacionalidad a que pertenezcan, de su sexo, religión, grado de instrucción, residencia, origen social, situación económica y actividades en el pasado, con excepción de los alienados, reconocidos como tales de acuerdo con la ley.

Puede ser elegido diputado al Soviet Supremo de la URSS todo ciudadano de la URSS que haya cumplido 23 años, independientemente de la raza y la nacionalidad a que pertenezca, de su sexo, religión, grado de instrucción, residencia, origen social, situación económica y actividades en el pasado.

Artículo 136.— Las elecciones de diputados se hacen por sufragio igual: cada ciudadano tiene un solo voto; todos los ciudadanos participan en las elecciones sobre bases iguales.

Artículo 137.— Las mujeres gozan del mismo derecho que los hombres de elegir y ser elegidas.

Artículo 138.— Los ciudadanos incorporados a las Fuerzas Armadas de la URSS gozan del derecho de elegir y ser elegidos igual que los demás ciudadanos.

Artículo 139.— Las elecciones de diputados son directas: todos los Soviets de diputados de los trabajadores, desde los Soviets de las localidades rurales y urbanas hasta el Soviet Supremo de la URSS, son elegidos por los ciudadanos de forma inmediata, por sufragio directo.

Artículo 140.— La votación en las elecciones de diputados es secreta.

Artículo 141.— En las elecciones, los candidatos se presentan por circunscripciones electorales.

Tienen derecho a presentar candidatos las organizaciones sociales y las asociaciones de los trabajadores: las organizaciones del Partido Comunista, los sindicatos, las cooperativas, las organizaciones juveniles y las sociedades culturales.

Artículo 142.— Todo diputado está obligado a rendir cuenta a los electores de su labor y de la del Soviet de diputados de los trabajadores, y puede ser revocado en todo momento, por decisión de la mayoría de los electores, de acuerdo con el procedimiento previsto por la ley.

— CAPÍTULO XII —

ESCUDO, BANDERA Y CAPITAL

Artículo 143.— El escudo de la Unión de Repúblicas Socialistas Soviéticas consta de la hoz y el martillo sobre el globo terráqueo, iluminado por los rayos del sol y orlado de espigas, con la siguiente inscripción en las lenguas de las repúblicas federadas: «¡Proletarios de todos los países, uníos!» En lo alto del escudo figura una estrella de cinco puntas.

Artículo 144.— La bandera de la Unión de Repúblicas Socialistas Soviéticas la forma un lienzo rojo, que ostenta en el ángulo superior, cerca del asta, una hoz y un martillo dorados y, sobre ellos, una estrella roja de cinco puntas bordeada de un cerco dorado. La relación de la anchura y la longitud es de 1:2.

Artículo 145.— La capital de la Unión de Repúblicas Socialistas Soviéticas es la ciudad de Moscú.

— CAPÍTULO XIII —

PROCEDIMIENTO PARA
MODIFICAR LA CONSTITUCIÓN

Artículo 146.— La Constitución de la URSS sólo puede ser modificada mediante decisión del Soviet Supremo de la URSS, adoptada por una mayoría no inferior a dos tercios de los votos en cada una de sus Cámaras.